# BEI GRIN MACHT SICH IHR WISSEN BEZAHLT

- Wir veröffentlichen Ihre Hausarbeit, Bachelor- und Masterarbeit

- Ihr eigenes eBook und Buch - weltweit in allen wichtigen Shops

- Verdienen Sie an jedem Verkauf

Jetzt bei www.GRIN.com hochladen und kostenlos publizieren

**Bibliografische Information der Deutschen Nationalbibliothek:**

Die Deutsche Bibliothek verzeichnet diese Publikation in der Deutschen National-
bibliografie; detaillierte bibliografische Daten sind im Internet über http://dnb.d-
nb.de/ abrufbar.

**Impressum:**

Copyright © 2019 GRIN Verlag
Druck und Bindung: Books on Demand GmbH, Norderstedt Germany
ISBN: 9783346176516

**Dieses Buch bei GRIN:**

https://www.grin.com/document/595444

**Anonym**

# Beweglichkeits- und Koordinationstraining zur Vorbeugung von Nackenschmerzen bei Büroangestellten

GRIN Verlag

## GRIN - Your knowledge has value

Der GRIN Verlag publiziert seit 1998 wissenschaftliche Arbeiten von Studenten, Hochschullehrern und anderen Akademikern als eBook und gedrucktes Buch. Die Verlagswebsite www.grin.com ist die ideale Plattform zur Veröffentlichung von Hausarbeiten, Abschlussarbeiten, wissenschaftlichen Aufsätzen, Dissertationen und Fachbüchern.

**Besuchen Sie uns im Internet:**

http://www.grin.com/

http://www.facebook.com/grincom

http://www.twitter.com/grin_com

# Inhaltsverzeichnis

# 1 Personendaten

Für die Planung eines Koordinations- und Beweglichkeitstrainings werden zunächst die allgemeinen und biometrischen Daten erhoben. Für einen besseren Überblick werden diese in der folgenden Tabelle dokumentiert.

Tab. 1: Allgemeine und biometrische Daten

| Geschlecht | männlich |
|---|---|
| Alter | 30 Jahre |
| Größe | 181 cm |
| Gewicht | 84 kg |
| Körperfettanteil | 18% |
| Trainingsmotive | Gelegentlichen Nackenschmerzen vorbeugen, nach der Arbeit auflockern |
| Berufliche Tätigkeit | Versicherungskaufmann |
| aktuelle sportliche Betätigungen | 3x Krafttraining/ Woche à 45 Min |
| Frühere sportliche Betätigungen | 2x Fußballtraining/ Woche, 1x Fußballspiel/ Woche (14 Jahre lang, bis vor 6 Monaten) |
| Zeitlicher Verfügungsrahmen | 3x/ Woche à 50 Min |

Die oben genannte Person hat keine weiteren orthopädischen oder internistischen Probleme. Sie nimmt keine Medikamente ein und befindet sich nicht in ärztlicher Behandlung, eine ärztliche Empfehlung für sportliche Betätigung liegt jedoch vor.

Der BMI liegt mit 25,60 kg/m² (84kg/(1,81m*1,81m)) leicht über dem Normbereich von 18,5-24,9 und somit im Bereich des Übergewichts (Richtlinien der WHO, 1998). Jedoch lassen der geringe Körperfettanteil sowie die sportlichen Aktivitäten auf höheren Anteil der Muskulatur und einen durchschnittlichen bis überdurchschnittlichen Fitnesszustand schließen.

Hinsichtlich der Trainingsplanung im weiteren Verlauf sind keine Einschränkungen für den Kunden gegeben.

# 2 Beweglichkeitstestung

Um den aktuellen Fitnesszustand hinsichtlich der Beweglichkeit und somit auch eventuelle Beweglichkeitsdefizite festzustellen, wird nun eine Beweglichkeitstestung mit der Person durchgeführt. Dafür findet ein vereinfachtes Testverfahren in Anlehnung an den Muskelfunktionstest nach Janda (2000) statt. Um eventuelle Dysbalancen festellen zu können, werden immer jeweils beide Seiten getestet. Im Anschluss werden die Ergebnisse der Testung protokolliert und für die weitere Trainingsplanung hinsichtlich der Belastbarkeit bewertet.

In der folgenden Tabelle wird die Testdurchführung bei der Testung der verschiedenen Muskelgruppen erklärt.

Tab. 2: Durchführung der Muskelfunktionstestung (eigene Darstellung, modifiziert nach Janda, 2000.)

| Muskel | Testdurchführung | Hinweise |
|---|---|---|
| M. pectoralis major | Der Proband liegt in Rückenlage auf einer erhöhten Unterlage, die Beine sind angewinkelt und die Füße liegen auf, um das Becken zu fixieren. Durch leichten Druck der Hand des Testers auf den Thorax in diagonaler Richtung weg von der zu testenden Hälfte wird dieser fixiert. Im Schultergelenk der zu testenden Seite findet eine Abduktion und Außenrotation statt, wobei sich das Ellenbogengelenk in einem 90°-Beugewinkel befindet. Zu messen ist die Position des Oberarms in der Horizontalen. | Abheben des Beckens und Hyperlordose der Lendenwirbelsäule verfälschen das Testergebnis. |
| M. iliopsoas | Der Proband liegt in Rückenlage auf einer Behandlungsliege, wobei das Gesäß sich am Ende dieser befindet, sodass die Beine herunter hängen können. Ein Bein wird nun angewinkelt und so weit wie möglich an den Körper herangezogen, während das andere im Überhand bleibt. Zu messen ist die Position des Oberschenkels im Verhältnis zur Körperlängsachse. | Abheben des Beckens und Hyperlordose der Lendenwirbelsäule verfälschen das Testergebnis |

| Muskel | Testdurchführung | Hinweise |
|---|---|---|
| M. rectus femoris | Der Proband liegt in Rückenlage auf einer Behandlungsliege, wobei das Gesäß sich am Ende befindet, sodass die Beine herunter hängen können. Ein Bein wird angewinkelt und so weit wie möglich an den Körper herangezogen, das andere Bein wird von dem Tester so fixiert, das der Winkel der Hüftextension maximal ist. Währenddessen findet im Kniegelenk die größtmögliche Flexion statt. Zu messen ist der Beugewinkel des Kniegelenks. | Abheben des Beckens und Hyperlordose der Lendenwirbelsäule verfälschen das Testergebnis. Das zu testende Bein darf nicht durch die Liege in seinem Bewegungsradius eingeschränkt werden. |
| Mm. ischiocrurales | Der Proband liegt in Rückenlage, wobei ein Bein angewinkelt ist und mit dem Fuß auf der Unterlage aufsetzt. Das andere Bein wird getestet und wird im Kniegelenk durchgestreckt, während der Tester das Knie stabilisiert und das Bein in die maximale Hüftflexion führt. Zu messen ist der Hüftbeugewinkel. | Abheben des Beckens und Hyperlordose der Lendenwirbelsäule verfälschen das Testergebnis. Das Kniegelenk darf nicht gebeugt werden. |
| Mm. Triceps surae | Der Proband liegt in Rückenlage, wobei ein Bein angewinkelt ist und mit dem Fuß auf der Unterlage aufsetzt. Das Testbein wird so ausgestreckt, dass es über das Ende der Unterlage ragt. Der Tester greift mit einer Hand den unteren Teil des Fersenbeins, mit der anderen die Außenkante des Fußes. Die Ferse wird nun in distale Richtung gezogen, der Vorderfuß vorsichtig in proximale Richtung gedrückt. Zu messen ist der Winkel der Dorsalextension. | Druck mit dem Daumen nur am äußeren Fußrand ausüben, um das Testergebnis nicht durch eine refelktorische Anspannung der Mm. Triceps surae zu verfälschen. |

Die folgende Tabelle zeigt die erzielten Testergebnisse des Probanden in den jeweiligen Muskelgruppen und stellt diese mit den Normwerten (=0) gegenüber

Tab. 3: Ergebnis der Muskelfunktionstestung (eigene Darstellung, modifiziert nach Janda, 2000.)

| Bewertung | | Ergebnis (rechts) | Ergebnis (links) |
|---|---|---|---|
| | M. pectoralis major | | |
| 0 | Oberarm erreicht die Horizontale | 0 | 0 |
| 1 | Oberarm erreicht die Horizontale durch Druck des Testers | | |
| 2 | Oberarm erreicht die Horizontale nicht trotz Druck des Testers | | |
| | M. iliopsoas | | |
| 0 | Oberschenkel erreicht die Horizontale | | 0 |
| 1 | Oberschenkel erreicht die Horizontale durch Druck des Testers | 1 | |
| 2 | Oberschenkel erreicht die Horizontale nicht trotz Druck des Testers | | |
| | M. rectus femoris | | |
| 0 | Unterschenkel hängt senkrecht herunter | 0 | 0 |
| 1 | 90°-Beugewinkel durch Druck des Testers | | |
| 2 | Kein 90°-Beugewinkel trotz Druck des Testers | | |
| | Mm. Ischiocrurales | | |
| 0 | Flexion im Hüftgelenk von 90° | | |
| 1 | Flexion im Hüftgelenk zwischen 80-90° | 1 | 1 |
| 2 | Flexion im Hüftgelenk unter 80° | | |
| | Mm. Triceps surae | | |
| 0 | Dorsalextension im Ausmaß von 0° | 0 | 0 |
| 1 | Dorsalextension; 0° wird jedoch nicht erreicht | | |
| 2 | Dorsalextension nur bis 10° unter 0°-Stellung | | |

Die Beweglichkeit in der ischiocruralen Muskulatur weist ein leichtes Defizit auf. Zusätzlich weist der Kunde auf der rechten Seite der hüftbeugenden Muskulatur leichte Verpannungen auf. Die Beweglichkeit des Kunden kann jedoch insgesamt als durchschnittlich eingestuft werden.

# 3 Trainingsplanung Beweglichkeitstraining

Für die weitere Planung des Beweglichkeitstrainings wird als Ziel eine Verbesserung der Beweglichkeit der ischiocruralen Muskulatur angestrebt. Der Kunde weist dort ein Beweglichkeitsdefizit auf. Weiterhin soll die Beweglichkeit in den anderen Muskeln erhalten bleiben und somit Verspannungen durch einseitige Belastungen, wie sie in der Tätigkeit als Versicherungskaufmann am Schreibtisch vorkommen, entgegen gewirkt werden.

## 3.1 Übungsauswahl

Zunächst werden geeignete Übungen für den Kunden ausgewählt.

In der folgenden Tabelle sind die Übungen des Beweglichkeitstrainings in Form eines Dehnprogrammes mit Dehnmethode und der anvisierten Zielmuskulatur aufgelistet.

Tab. 4: Übungsauswahl in der Trainingsplanung (eigene Darstellung)

| Übung | Dehnmethode | | Zielmuskulatur |
|---|---|---|---|
| | Dehnform | Arbeitsweise | |
| Nackenmusku-latur | aktiv-passiv | statisch | • M. trapezius pars descendes |
| Schulterblatt-retraktoren | passiv | statisch | • M. deltoideus pars spinalis<br>• Mm. rhomboidei<br>• M. trapezius pars transversa |
| Brustmuskula-tur | aktiv | dynamisch | • M. pectoralis major<br>• M. pectoralis minor<br>• M. deltoideus pars clavicularis |
| Rumpfrotato-ren | passiv | statisch | • M. obliquus externus abdominis<br>• M. obliquus internus abdominis<br>• M. erector spinae<br>• Mm. Rotatores |

| Übung | Dehnmethode | | Zielmuskulatur |
|---|---|---|---|
| | Dehnform | Arbeitsweise | |
| Hüftgelenk-flexoren | passiv | statisch | • M. iliopsoas<br>• M. rectus femoris |
| Gesäßmusku-latur | passiv | Statisch | • M. glutaeus maximus<br>• M. glutaeus medius<br>• M. glutaeus minimus |
| Ischiocrurale Muskulatur | postisometrisch | | • M. semitendinosus<br>• M. biceps femoris<br>• M. semimembranosus |
| Hüftadduktoren | passiv | Dynamisch | • M. adductor longus<br>• M. adductor magnus<br>• M. adductor brevis<br>• M. pectineus<br>• M. gracilis |
| Knieextenso-ren | passiv | Statisch | • M. quadriceps femoris |
| Wadenmusku-latur | passiv | dynamisch | • M. gastrocnemius<br>• M. soleus |

### 3.1.1 Übungsdurchführung Nackenmuskulatur

Der Proband steht im schulterbreiten Stand mit geradem Rücken und aufrechtem Kopf. Die Rumpfmuskulatur weist eine Spannung auf. Der Kopf wird nun zu einer Seite geneigt, während die Schulter der anderen Seite nach unten gezogen wird. Somit findet die passive Dehnung durch die Schwerkraft beim Kopfneigen und die aktive Dehnung durch die Schulterblattdepression statt. Dieser Vorgang wird auf beiden Seiten wiederholt. Die Übung soll präventiv gegen Verspannungen im Schulter- und Nackenbereich, die durch die einseitige Belastung durch Büroarbeit am Computer entstehen können, wirken.

### 3.1.2 Übungsdurchführung Schulterblattretraktoren

Der Proband steht im schulterbreiten Stand mit geradem Rücken und aufrechtem Kopf. Ein Arm wird auf Schulterhöhe nach vorne geführt und angewinkelt. Die kontralaterale Hand übt an dem angewinkelten Ellenbogen Druck in Richtung Schulter aus. Die Übung wird mit beiden Seiten durchgeführt.

Diese Übung soll ebenfalls die einseitigen Haltungen in seiner Bürotätigkeit ausgleichen und somit die Körperhaltung verbessern.

### 3.1.3 Übungsdurchführung Brustmuskulatur

Der Proband steht im schulterbreiten Stand mit geraden Rücken und aufrechtem Kopf. Beide Arme werden leicht angewinkelt und mit dem Ellenbogen auf Schulterhöhe nach außen geführt. Durch die Kontraktion der Rückenmuskulatur werden die Ellenbogen so weit wie möglich nach hinten gezogen. Somit findet die bilaterale Dehnung der Brustmuskulatur aktiv statt.

Die Dehnung der Brustmuskulatur soll ebenfalls als Ausgleich einseitiger Alltagshaltungen dienen.

### 3.1.4 Übungsdurchführung Rumpfrotatoren

Der Proband befindet sich in Rückenlage auf einer Übungsmatte. Die Beine sind dabei angewinkelt und setzten mit dem Fuß auf dem Boden auf. Für die Dehnung wird ein Arm angewinkelt zur Seite auf Schulterhöhe gelegt, sodass die Schultern fixiert sind. Die Knie werden zur gegenüberliegenden Seite in Richtung des Bodens geführt und bleiben dabei geschlossen. Der untere Fuß behält an der Außenkante Kontakt mit dem Boden. Die Übung wird für beide Seiten ausgeführt.

### 3.1.5 Übungsdurchführung Hüftgelenkflexoren

Für die Dehnung der hüftbeugenden Muskulatur befindet sich der Proband in einem Ausfallschritt im Halbkniestand. Das Bein, welches mit dem Knie und dem Unterschenkel aufliegt, wird so weit wie möglich nach außen gedrückt. Der Oberkörper ist dabei aufrecht und das Gesäß angespannt. Nun wird wie Hüfte nach vorne geschoben. Die Übung wird für beide Seiten ausgeführt.

Der Proband weist laut der vorangegangenen Muskelfunktionstestung Beweglichkeitsdefizite auf der rechten Seite der hüftbeugenden Muskulatur auf. Durch seine frühere jahrelange Aktivität als Fußballer aber auch durch lange sitzende Tätigkeiten am Schreibtisch kann die Beweglichkeit dieser Muskulatur abnehmen. Daher soll die Übung für die Hüftgelenkflexoren dabei helfen, diese aufrecht zu erhalten bzw. zu wieder zu verbessern.

### 3.1.6 Übungsdurchführung Gesäßmuskulatur

Der Proband befindet sich in Rückenlage auf einer Übungsmatte. Ein Bein wird angewinkelt und mit beiden Händen am Oberschenkel umfasst. Das andere Bein wird in der Hüfte nach außen rotiert mit dem Unterschenkel oberhalb des Knies auf diesem abgelegt. Für die Dehnung werden durch Zug die Beine in dorsale Richtung geführt. Der Vorgang wird mit der anderen Seite wiederholt.

### 3.1.7 Übungsdurchführung ischiocrurale Muskulatur

Der Proband befindet sich in Rückenlage auf einer Übungsmatte. Ein Bein wird dabei angewinkelt und setzt mit dem Fuß auf dem Boden auf. Beide Hände umfassen das andere Bein oberhalb des Knies und ziehen es zum Oberkörper, bis eine Dehnung verspürt wird. In dieser Position wird dann die ischiocrurale Muskulatur für sechs bis zehn Sekunden kontrahiert, da die Dehnung postisometrisch stattfindet. Nun wird die Muskulatur für zwei bis drei Sekunden entspannt und anschließend mit einem stärkeren Dehnreiz für weitrer zehn bis zwanzig Sekunden gedehnt (Hohmann, Lames & Letzelter, 2002, S. 100; Sölveborn, 1983, S. 13) Die Übung wird mit der anderen Seite wiederholt.

Durch die Dehnung der rückseitigen Oberschenkelmuskulatur wird die dauerhafte Flexion im Kniegelenk, welche durch die lange sitzende Position entsteht, ausgeglichen. Der Proband wies auch im Test eine Einschränkung der Beweglichkeit in dieser Muskelgruppe auf, sodass die Beweglichkeit hier wieder verbessert werden soll.

### 3.1.8 Übungsdurchführung Hüftadduktoren

Der Proband sitzt auf einer Übungsmatte und streckt die Beine nach vorn, während die Arme nach hinten den Oberkörper stützen. Der Rücken ist gerade. Für die Dehnung findet im Hüftgelenk eine möglichst maximale Abduktion statt. Der Oberkörper wird nach vorn geneigt.

### 3.1.9 Übungsdurchführung Knieextensoren

Der Proband befindet sich in Seitlange auf einer Übungsmatte. Der untere Arm wird in Verlängerung des Oberkörpers gestreckt. Der Kopf wird auf diesem abgelegt. Das obere Bein beugt im Kniegelenk, sodass die Ferse durch die oberhalb des Sprunggelenkes umfassende Hand maximal zum Gesäß gezogen werden kann. Für die Dehnung wird das Becken gekippt, während die Oberschenkel parallel zueinander bleiben. Die Übung wird auf beiden Seiten wiederholt.

### 3.1.10  Übungsdurchführung Wadenmuskulatur

Der Proband befindet sich in Schrittstellung. Beide Füße setzen mit ganzer Sohle auf und zeigen mit den Zehen nach vorn. Das hintere Bein ist im Kniegelenk gestreckt, das vordere gebeugt. Der Oberkörper ist in Verlängerung des hinteren Beins leicht nach vorne gebeugt. Für die Dehnung wird das vordere Bein weiter gebeugt, sodass der Körperschwerpunkt vertikal nach vorne verlagert wird. Die Dorsalextension im hinteren Bein wird folglich vergrößert. Die Übung wird für beide Seiten durchgeführt.

## 3.2  Belastungsgefüge

Ziel der Trainingsplanung war es, Beweglichkeitsdefizite in speziellen Muskelgruppen auszugleichen und die Beweglichkeit des Kunden zu erhalten. Durch ein regelmäßig durchgeführtes Dehntraining wird die Beweglichkeit, unabhängig von der Dehnmethode, verbessert (Schönthaler & Ohlendorf, 2002, S. 29). Ein tägliches Dehntraining ist bei dem Kunden durch den zeitlichen Verfügungsrahmen nicht möglich, jedoch kann bei zwei bis drei Trainingseinheiten pro Woche die Beweglichkeit bei Trainingsbeginnern verbessert werden (Rancour, Holmes & Cipriani, 2009). Dabei werden die Dehnübungen in vier Sätzen über einen Zeitraum von je 30 Sekunden gehalten. Bei einer dynamischen Dehnmethode wird die Wiederholungsanzahl an die 30 Sekunden angepasst. Dabei auch zu beachten ist, dass die Übungsanzahl, die Serienzahl und die Dehndauer in den zeitlichen Verfügungsrahmen von 40 Minuten pro Beweglichkeitstraining passen. Dies ist mit ((2 Übungen*4 Sätze) + (8 Übungen *4 Sätze*2 Seiten)*30 Sekunden)/60= 36 Minuten der Fall.

Die Intensität wird so gehalten, dass der Proband unterhalb der Dehngrenze bleibt und somit auch unterhalb der Schmerzgrenze trainiert.

In der folgenden Tabelle wird das gewählte Belastungsgefüge zusammengefasst.

Tab. 5: Belastungsgefüge Dehntraining (eigene Darstellung)

| Einheiten/ Woche | 3 |
|---|---|
| Serienzahl/ Übung | 4 |
| Dehndauer | 45 Sekunden |
| Intensität | <Dehngrenze (Dehnschwelle) |

# 4  Trainingsplanung Koordinationstraining

Als Trainingsprogramm für die Koordination soll ein Gleichgewichtstraining stattfinden. In den folgenden Kapiteln werden für den Kunden zunächst zehn Übungen für das ausgewählt, anschließend folgt die Auswahl des Belastungsgefüges.

## 4.1  Übungsauswahl

Die folgende Tabelle zeigt die Übungsauswahl des Koordinationsprogrammes mit der Übungsdurchführung.

Tab. 6: Übungsauswahl Koordinationsprogramm (eigene Darstellung)

| Übung | Übungsdurchführung |
|---|---|
| Geschlossener Stand | Die Füße stehen geschlossen nebeneinander, sodass sich die Knöchel berühren, wobei die Belastung gleichmäßig auf der Ferse, dem Großzehenballen und dem Kleinzehenballen liegt. Die Wirbelsäule ist aufgerichtet und die Knie über den Füßen stehend leicht gebeugt. Das Becken wird durch die Anspannung der Rücken-, Bauch- und Beckenmuskulatur stabilisiert. Die Arme werden vor dem Oberkörper gestreckt. Nun werden die Zehen leicht gespreizt und das Fußgewölbe nach oben heben. |
| 1-Linien-Stand | Die Füße stehen auf einer Linie voreinander, wobei die Belastung gleichmäßig auf der Ferse, dem Großzehenballen und dem Kleinzehenballen liegt. Die Wirbelsäule ist aufgerichtet und die Knie über den Füßen stehend leicht gebeugt. Das Becken wird durch die Anspannung Der Rücken-, Bauch- und Beckenmuskulatur stabilisiert. Die Arme werden vor dem Oberkörper gestreckt. Nun werden die Zehen leicht gespreizt und das Fußgewölbe nach oben heben. Nach dem Lösen der Position wird die Übung mit der anderen Seite wiederholt. |
| 1-Linien-Stand mit einem geschlossenen Auge | Ausgangsposition ist der 1-Linien-Stand. Nun wird ein Auge geschlossen. Anschließend wird die Übung mit dem anderen Bein, danach mit dem anderen Auge wiederholt, sodass die Übung insgesamt viermal durchgeführt wurde. |
| 1-Linien-Stand mit geschlossenen Augen | Ausgangsposition ist der 1-Linien-Stand. Nun werden beide Augen geschlossen. Die Übung wird mit dem anderen Bein wiederholt. |

| Übung | Übungsdurchführung |
|---|---|
| Einbeiniger Stand | Ausgangsposition ist der geschlossene Stand. Nun wird ein Bein angehoben und wird im Knie- und Hüftgelenk leicht gebeugt. Die Belastung des Standbein-Fußes erfolgt gleichmäßig auf der Ferse, dem Großzehenballen und dem Kleinzehenballen. Die Zehen werden leicht gespreizt und das Fußgewölbe nach oben angehoben. Nach dem Absetzten des Beines wird der Vorgang mit dem anderen Bein wiederholt. |
| Einbeiniger Stand mit einem geschlossenen Auge | Ausgangsposition ist der einbeinige Stand. Nun wird ein Auge geschlossen. Die Zehen werden gespreizt und das Fußgewölbe angehoben. Nach dem Absetzten des Beines wird die Übung mit dem anderen Auge wiederholt. Dieser Vorgang folgt dann noch einmal für das andere Bein. |
| Einbeiniger Stand mit geschlossenen Augen | Ausgangsposition ist der einbeinige Stand. Ein Bein wird gehoben, die Augen werden geschlossen. Die Zehen werden gespreizt und das Fußgewölbe nach oben gezogen. Nach dem Absetzten des Beines wird die Übung mit dem anderen Bein wiederholt. |
| Einbeiniger Stand mit Ball | Ausgangsposition ist der einbeinige Stand. Die Arme sind seitlich vom Körper gestreckt. Mit der einen Hand wird ein Ball für 5 Sekunden gehalten. Anschließend wird der Ball über dem Kopf der anderen Hand übergeben, um dann auf der anderen Seite für 5 Sekunden gehalten zu werden. Das ganze wird für die Dauer der Übung wiederholt. |
| Geschlossener Stand auf instabilem Untergrund | Für diese Übung wird ein Balance-Pad benötigt. Ausgangsposition des Probanden ist der geschlossene Stand. Dabei stellt er sich auf das Balance-Pad und versucht, die Balance zu halten. |
| Einbeiniger Stand auf instabilem Untergrund | Für diese Übung wird ein Balance-Pad benötigt. Ausgangsposition ist der geschlossene Stand auf dem Balancepad. Nun wird ein Bein angehoben und im Knie- und Hüftgelenk gebeugt. |

Die Auswahl der Übungen wurde an dem Leistungsstand angepasst. Der Kunde ist im Koordinationstraining ein Beginner, sodass eine stabile Köperpositionierung nach Chwilkowski (2006, S. 65) als Grundlage des propriozeptiven Trainings erst einmal erlernt werden sollte. Die Progression fand dann zunächst durch die Steigerung von leichten zu schwierigeren Bewegungsaufgaben statt, um diese Grundlagen zu festigen. Anschließend wurden die Bewegungen mit geschlossenen statt mit offenen Augen ausgeführt, um die Körperwahrnehmung bei der Übung zu verbessern. Am Ende des Trainingsprogramms wurde ein instabiler Untergrund verwendet, um den Schwierigkeitsgrad wieder zu steigern.

## 4.2 Belastungsgefüge

Die Trainingshäufigkeit des Koordinationstrainings sollte so hoch wie möglich sein, ist bei dem Kunden jedoch durch den zeitlichen Verfügungsrahmen auf drei Einheiten pro Woche beschränkt. Die Dauer der Übungen sollte zwischen 5-60 Sekunden sein (Häfelinger & Schuba, 2007, S. 61). Der Proband startet mit 10 Sekunden, steigert die Dauer bei jeder Trainingseinheit jedoch um fünf Sekunden. Die Anzahl an Sätzen kann bis zu fünf betragen. Aufgrund des zeitlichen Verfügungsrahmens werden jeweils nur 3 Sätze absolviert.

In der folgenden Tabelle ist das Belastungsgefüge des Koordinationsprogrammes zusammen gefasst.

Tab. 7: Belastungsgefüge Koordinationstraining (eigene Darstellung, modifiziert nach Häfelinger & Schuba, 2007, S. 61)

| Trainingshäufigkeit/ Woche | 3x |
|---|---|
| Sätze/ Übung | >45 Sekunden |
| Satzpausen | 3 Sätze |
| Belastungsdauer | 10 Sekunden |

# 5    Literaturrecherche

Die folgenden Tabellen beeinhalten zwei Studien zu dem Thema „Effekte des Dehnens im Hinblick auf eine Verbesserung der sportlichen Leistungsfähigkeit".

Tab. 8: Dehnen und Leistung- primär psychophysiologische Entspannungseffekte? (eigene Darstellung, modifiziert nach Wiemeyer, 2003.)

| Studie | Dehnen und Leistung – primär psychophysiologische Entspannungseffekte? |
|---|---|
| Wer hat die Studie durchgeführt? | J. Wiemeyer (Institut für Sportwissenschaft, TH Darmstadt) |
| Wann wurde die Studie publiziert? | 2003 |
| Forschungsfrage | Können durch psychophysiologische Entspannung vergleichbare Leistungseinbußen wie durch Dehnen hervorgerufen werden? Wie hängen die Leistungseinbußen durch Dehnen und Entspannen zusammen? |
| Versuchspersonen | 14 Personen (6 weibliche, 8 männliche) |
| Versuchsaufbau | <ul><li>Zwei Gruppen (Dehnen/ Entspannen)</li><li>Testung von vier Standhochsprüngen mit freier Ausholbewegung in denen die Reichhöhe des Absprungs im Verhältnis zur Reichhöhe im Stand gemessen wurde</li><li>5-minütiges Aufwärmtraining</li><li>Re-Test</li><li>Eine Gruppe dehnte den M. glutaeus maximus, den M. quadriceps femoris, und den M. gastrocnemius beidseitig je 3x20 Sekunden (passiv-statisch). Die andere Gruppe pausierte</li><li>Re-Test</li><li>Wiederholung der Tests an einem zweiten Testtag, wobei die Gruppen wechseln</li></ul> |
| Relevante Ergebnisse | <ul><li>Aufwärmen steigerte die Sprunghöhe um ca. 4,5%</li><li>Statisches Dehnen senkte die Sprunghöhe um 2,6%</li><li>Entspannung senkte die Sprunghöhe um 2,2%</li></ul> |
| Schlussfolgerungen | Unmittelbar vorheriges statisches Dehnen senkt die Leistungsfähigkeit der Muskulatur. |

Tab. 9: Muskeldehnung zur Leistungsverbesserung im Sprint (eigene Darstellung, modifiziert nach Wiemann & Klee, 1993)

| Studie | Muskeldehnung zur Leistungsverbesserung im Sprint |
|---|---|
| Wer hat die Studie durchgeführt? | Klaus Wiedemann, Andreas Klee (Bundesinstitut für Sportwissenschaft) |
| Wann wurde die Studie publiziert? | 1993 |
| Forschungsfrage | Kann das realisieren eines Dehnprogramms für die leistungsbestimmenden Muskeln beim Sprint unmittelbar vor dem Sprint die Leistung beeinflussen? |
| Versuchspersonen | 32 Sportstudenten |
| Versuchsaufbau | <ul><li>3 Gruppen</li><li>Vortest: 2 Sprints im Abstand von 5 Minuten<ul><li>Zeitmessung nach 5m und 40m</li></ul></li><li>Eine Gruppe absolvierte ein 15 minütiges Dehnprogramm der Hüftbeugemuskulatur (DB), eine Gruppe ein 15 minütiges Dehnprogramm der Hüftstreckmuskulatur (DS) und eine Gruppe einen 15-minütigen leichten Dauerlauf</li><li>Unmittelbarere Re-Test</li></ul> |
| Relevante Ergebnisse | <ul><li>Dehngruppe: +0,14s</li><li>Kontrollgruppe: keine signifikanten Veränderungen</li></ul> |
| Schlussfolgerungen | Ein spezielles Dehntraining unmittelbar vor der Belastung kann die Leistungsfähigkeit nicht verbessern. |

15/17

# 6 Literaturverzeichnis

Chwilkowski, C. (2006). *Medizinisches Koordinationstraining – Verbesserung der Haltungs- und Bewegungskoordination durch Propriozeption* (2. Aufl.). Köln: Deutscher Trainer Verlag.

Häfelinger, U. & Schuba, V. (2007). *Koordinationstherapie - propriozeptives Training* (Wo Sport Spaß macht, 3., überarb. Aufl). Aachen: Meyer & Meyer.

Hohmann, A., Lames, M. & Letzelter, M. (2002). *Einführung in die Trainingswissenschaft* (Limpert Sportwissenschaft, 2. Aufl). Wiebelsheim: Limpert.

Janda, V. (2000). *Manuelle Muskelfunktionsdiagnostik* (12 Ausg.). München: Urban & Fischer.

Rancour, J., Holmes, C. F. & Cipriani, D. J. (2009). *The effects of intermittent stretching following a 4-week static stretching protocol: a randomized trial. Journal of strength and conditioning research.* National Strength & Conditioning Association, 23 (8), 2217–2222.

Schönthaler, S. R. & Ohlendorf, K. (2002). *Biomechanische und neurophysiologische Veränderungen nach ein- und mehrfach seriellem passiv-statischem Beweglichkeits-training* (Wissenschaftliche Berichte und Materialien / Bundesinstitut für Sportwis-senschaft, 1. Aufl.). Köln: Sport und Buch Strauß.

Sölveborn, S.-A. (1983). *Das Buch vom Stretching - Beweglichkeitstraining durch Dehnen und Strecken.* München: Mosaik.

Weineck, J. (2004). *Optimales Training. Leistungsphysiologische Trainingslehre unter besonderer Berücksichtigung des Kinder- und Jugendtrainings* (14. Aufl). Balingen: Spitta.

Wiedemann,K.& Klee, A.: *Muskeldehnung zur Leistungsverbesserung im Sprint.* Bundesinstitut für Sportwissenschaft: Köln Selbstverlag: 445, 1993. Zugrigg am 01.12.2019. Verfügbar unter: http://www.biowiss-sport.de/wp-content/uploads/2015/02/despri.pdf

Wiemeyer, J.: *Dehnen und Leistung – primär psychophysiologische Entspannungseffekte.* Deutsche Zeitschrift für Sportmedizin: S. 288 – 294, Nr. 10.2003. Zugriff am 01.12.2019. Verfügbar unter https://www.germanjournalsportsmedicine.com/fileadmin/content/archiv2003/heft10/a03_10_03.pdf

# 7 Tabellenverzeichnis

# BEI GRIN MACHT SICH IHR WISSEN BEZAHLT

- Wir veröffentlichen Ihre Hausarbeit, Bachelor- und Masterarbeit

- Ihr eigenes eBook und Buch - weltweit in allen wichtigen Shops

- Verdienen Sie an jedem Verkauf

## Jetzt bei www.GRIN.com hochladen und kostenlos publizieren